AF329394

PANÉGYRIQUE

DE

SAINT ÉTIENNE

D'OBAZINE

PAR

M. L'Abbé Germain BRETON

Chanoine honoraire
Supérieur du Petit Séminaire de Brive

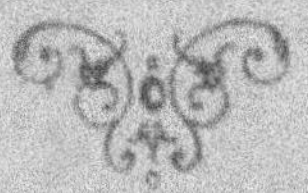

TULLE

IMPRIMERIE DE JEAN MAZEYRIE

1889

PANÉGYRIQUE

DE

SAINT ÉTIENNE

D'OBAZINE

PANÉGYRIQUE

DE

SAINT ÉTIENNE

D'OBAZINE

PAR

M. L'Abbé Germain BRETON

Chanoine honoraire
Supérieur du Petit Séminaire de Brive

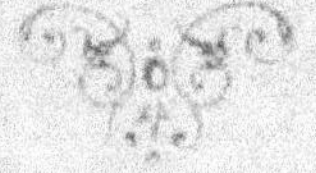

TULLE

IMPRIMERIE DE JEAN MAZEYRIE

—

1889

PANÉGYRIQUE

DE

SAINT ÉTIENNE D'OBAZINE

Prononcé dans l'église d'Obazine, le 6 juin 1889,
à l'occasion du premier anniversaire
de la translation des reliques de ce saint.

Dabo ei edere de ligno vitæ.

Je lui donnerai à manger du fruit
de l'arbre de vie.

(*Apoc.*, II, 7.)

MES RÉVÉRENDISSIMES PÈRES (1),
MES FRÈRES,

La meilleure partie de l'âme de l'homme est un écho de
l'âme de ses semblables. Pressé d'un besoin de sympathie
universelle, il ressuscite par la pensée ceux qui l'ont précédé
sur la terre et s'efforce en quelque sorte de revivre leur vie.

Trois classes d'hommes surtout sont ainsi arrachées à la
tombe par le souvenir : les puissants, les hommes de génie
et les saints. Toutefois il n'y a que les saints qui excitent une
sympathie durable et vraiment populaire. En effet, le propre
et par suite l'honneur de l'homme, ce n'est pas la force qu'il
partage avec les animaux, ce n'est pas même le génie qui est
dans l'homme, sans être à l'homme, c'est une volonté droite,
maîtresse et de l'âme et du corps et façonnant dans un être
fragile, « le plâtre de l'éternelle beauté » (2). Au reste il n'y
a d'immortel dans l'homme que ce qui l'attache à Dieu, le
reste est destiné à périr. Les puissants meurent et leurs pen-
sées meurent avec eux ; la science humaine elle-même sera
détruite. La vertu seule ne meurt pas, et « *celui qui fait la*

____

(1) Le Révérendissime Père Abbé de la Trappe de Melleray (Bretagne) ;
le R. P. Abbé de la Trappe de Fongombault.
(2) Mgr Gerbet, *Considérations sur l'Eucharistie*, ch. IX.

volonté de Dieu demeure éternellement » (1). « *Dieu ne change pas* » (2) et les saints qui ont cherché et trouvé Dieu vivent et règnent avec Lui au ciel et sur la terre.

Le peuple ne garde pas la mémoire de la force ni du génie, parce qu'il en a reçu peu de chose et qu'il n'en attend plus rien. Le souvenir de leurs œuvres, dans les esprits qui lui restent ouverts, excite, comme la vue des grandes ruines, un étonnement mêlé de pitié, tandis que le souvenir des saints, comme la pensée même de Dieu, éveille l'espérance et l'amour. Je veux vous dire, mes Frères, en vous montrant un saint, ce que c'est que la sainteté, et comment les saints, parce qu'ils ont fait la volonté de Dieu, ne meurent pas ; comment unis à Dieu, vivant en Dieu, ils participent en quelque sorte à l'action immortelle, universelle, toute-puissante et bienfaisante de Dieu.

I

Qu'est-ce qu'un saint, mes Frères ? C'est un chrétien parfait, c'est un homme qui reproduit dans sa vie la vie de Jésus-Christ notre divin modèle.

Or, la vie de Jésus-Christ sur la terre se résume dans cette parole qui en exprime le dernier mystère et le couronnement : « *Je monte vers mon Père et votre père* (3), *vers mon Dieu et votre Dieu.* » Sorti du sein de Dieu, Jésus-Christ n'a passé sur la terre que pour remonter vers Dieu, accompagné de ses élus : « *Je veux, dit-il, que là où je suis, ceux que* (4) *vous m'avez donnés y soient aussi, afin qu'ils voient ma gloire,* » et qu'en le voyant ils la partagent et en jouissent. Le chrétien est donc une créature privilégiée qui monte vers Dieu. Son âme née d'un souffle de Dieu, créée « *à l'image* (5) *et à la ressemblance de Dieu,* » doit retourner à son semblable. Mais, pour s'élever ainsi à Dieu, il faut premièrement que l'âme se détache, se sépare du corps, qui, fait de la terre, tend vers la terre et doit y rentrer. Il faut que l'homme meure chaque jour, puisque son ascension vers

(1) I Joan., ii, 15.
(2) Malach., iii, 6.
(3) Joan., xx, 17.
(4) Joan., xvii, 22.
(5) Gen., ii, 26.

Dieu doit être de tous les jours, de tous les instants ; il faut qu'il meure à la chair et au sang.

La vie de la chair, c'est la concupiscence, ce sont tous les désirs qui attachent l'homme aux créatures et à lui-même. Mais on ne meurt point sans souffrir ; mourir en souffrant, souffrir en mourant : voilà, en résumé, le devoir du chrétien et l'exemple que lui a laissé son Maître.

La chair de Jésus-Christ ne luttait point contre l'esprit ; ni la concupiscence, ni le péché qui en sort, n'était en lui.

Cependant, pour nous instruire plus efficacement, il a voulu nous ressembler en toutes choses, obéir à la loi de la souffrance jusqu'à la mort et à la mort de la croix. « *Il a été un homme* (1) *de douleurs et sachant ce que c'est que l'infirmité* » afin de nous apprendre cette science incomparable.

L'âme qui meurt à la chair vit de l'esprit : « *Or, la vie de l'esprit, c'est la connaissance* (2) *et l'amour de Dieu et de Jésus-Christ que Dieu a envoyé.* » « *L'âme,* » qui vit de l'esprit, « *a soif de Dieu ;* » elle s'élance vers Dieu par le désir et par la prière ; elle s'attache à Dieu par la pensée et par l'amour. Sa soif, toujours étanchée, est toujours excitée. Dieu se donne et se fait désirer ; et l'âme chrétienne, inspirée par l'Esprit-Saint, ne cesse d'appeler Dieu « *avec* (3) *des gémissements inénarrables,* » jusqu'au jour où, pleinement unie au Dieu qu'elle désire, « *où, voyant Dieu face à face* (4) *et tel qu'il est, elle sera semblable à Lui.* »

La pénitence et la prière : tel est le double mouvement rythmique de l'ascension de l'âme vers Dieu. Par la pénitence l'âme se sépare du corps ; par la prière elle s'unit à Dieu ; la prière anime la pénitence, la pénitence enflamme la prière ; l'âme chrétienne ne peut ni se séparer du corps sans s'unir à Dieu, ni s'unir à Dieu sans se séparer du corps. Nous allons voir cette vérité écrite en traits éclatants dans la vie de saint Etienne d'Obazine.

Elevé par de pieux parents dans la crainte de Dieu, il s'engage « dès son enfance dans la voie sainte qu'il doit suivre jusqu'à son extrême vieillesse. » C'est ainsi que Dieu préser-

(1) Isaï. LIII, III.
(2) Joan. XVII, III.
(3) Rom. VIII, 26.
(4) I. Cor. XIII, 12.

ve le plus souvent de la corruption ceux qu'il destine à suppléer ce qui manque à la passion de Jésus-Christ. Il ne veut que des victimes pures, conformes à l'image de son divin Fils, et les plus grands pénitents ont été les moins coupables des pécheurs. Après avoir préparé son serviteur par l'innocence, par l'exercice de la piété, par la pratique de la charité, Dieu l'appelle au sacerdoce. Dès lors Etienne parut un homme nouveau. Sachant que « *le prêtre est tiré* (1) *du milieu des hommes pour être appliqué uniquement aux choses de Dieu,* » il retranche en lui tout ce qui pouvait rester encore de l'esprit du monde. Il se revêt d'un cilice, ne se nourrit que d'aliments grossiers et affaiblit son corps par des veilles prolongées. En même temps « *son zèle s'enflamme dans la* (2) *méditation de l'Evangile.* » Déjà « *il n'aimait ni le monde ni les choses qui sont dans le monde* » (3), mais sa haine du monde s'augmentant avec son amour de Dieu, pour se rapprocher davantage du Dieu qu'il aime, il se résout à fuir le « *monde qui est l'ennemi de Dieu.* » « *Sors du milieu du monde, lui dit le Seigneur, et je te recevrai et je serai ton père* » (4). « *Sors de ton pays et de ta famille et viens dans la terre que je te montrerai* » (5).

Docile à l'appel de Dieu, Etienne, après avoir distribué son bien aux pauvres, part avec un seul compagnon nommé Pierre et va se fixer dans le lieu le plus désert qu'il peut découvrir, dans une vallée ceinte de collines et toute pleine de buissons et de halliers. Que vient donc chercher Etienne au fond de ce désert, connu seulement des bêtes sauvages ?

Mes frères, il cherche Dieu, car c'est dans la solitude que Dieu parle au cœur de l'homme.

Mais admirez avec quel courage Etienne porte la mort dans cette partie de lui-même qui doit périr. En fuyant dans le désert, il meurt au monde, il retranche jusqu'à la racine toutes les passions qui naissent du commerce des hommes. Il a coupé tous les liens du sang et de l'amitié, et désormais, Dieu seul sera son père et sa mère, son frère et son ami. En se

(1) Hebr. v, 1.
(2) Psalm. xxxviii, 4.
(3) 1 Joan. ii, 13.
(4) Isai. x, 4.
(5) Gen. xii, 1.

retirant du champ de bataille où les hommes luttent pour les biens de la terre, « *en prenant Dieu seul pour son héritage* » (1) il a fait mourir dans leur germe « *ces fruits de la chair qui sont les inimitiés, les disputes, les jalousies, les colères, les querelles et les dissensions* » (2). Mais il faut que la mort s'empare « *de la chair tout entière qui opprime l'esprit et arrête son essor ;* » il faut que l'esprit reste seul, c'est-à-dire, cette partie de l'âme qui ressemble à Dieu, qui connaît et qui aime Dieu. Il faut que tous les désirs qui ne vont pas à Dieu soient étouffés, que l'amour de Dieu subsiste seul et qu'à la fin le « *corps lui-même devenu spirituel* » (3) ne soit plus que l'instrument docile de l'esprit, consacré par l'esprit à servir et à glorifier Dieu. Séparé des hommes, Etienne n'a plus à craindre les vices que développe la société, mais il n'est point délivré de « *ce corps de mort* » (4), de ce corps qui, promis à la terre, attire vers la terre l'âme qui lui est unie. Encore une fois, pour que l'âme vive, il faut que le corps meure, il faut qu'il soit châtié et qu'il expire en quelque sorte sous les verges de la pénitence, « *car le bien n'habite pas dans la chair, et il y a en elle une loi de rébellion qui, lorsque l'âme s'efforce de faire le bien l'entraîne au mal* » (5).

Vainqueur du monde par la fuite, Etienne commence aussitôt contre les convoitises de la chair une guerre d'extermination. Et d'abord il attaque son corps par le jeûne et les châtiments ; il ne lui donne d'autre nourriture que les herbes du désert, d'autre lit que la terre nue, d'autre abri que le ciel.

S'il se bâtit ensuite une cabane, il en fait un oratoire où il prie et chante les louanges de Dieu et le jour et la nuit. Il ne donne au sommeil que le temps qu'il ne peut lui arracher par la violence. Quand son corps succombe à la fatigue, il le relève en le frappant avec une discipline. Eh quoi ! direz-vous, tout cela passe la faiblesse de l'homme ! Oui, sans doute, mais la puissance de Dieu éclate dans l'infirmité humaine.

(1) Psalm. xv, 5.
(2) Galat. v, 22.
(3) S. Augustin.
(4) Rom. vii, 24.
(5) I. Cor. x, 5.

« *et il ne faut pas s'étonner*, dit saint Jean Damascène, *s'il s'accomplit des prodiges surnaturels où habite le Dieu qui est au-dessus de la nature.* » Mais encore pourquoi ces privations et ces rigueurs excessives dont la nature a horreur ? Pourquoi cet homme pousse-t-il la cruauté contre lui-même au point de répandre son sang de sa propre main ? L'apôtre saint Paul va vous répondre : « *Parce que*, dit-il, *ceux qui veulent vivre pieusement dans le Christ souffriront persécution* » (1). Le sang du Christ a coulé, il faut que notre sang coule. « *Le disciple n'est pas au-dessus du maître* » (2). Nous sommes les membres de Jésus-Christ, « *et quand le chef est couronné d'épines, les membres ne peuvent être dans les délices.* » « *Si quelqu'un veut venir après moi*, dit Jésus-Christ, *qu'il se renonce lui-même, qu'il prenne sa croix et qu'il me suive* » (3). Vous l'entendez, chrétiens, pour suivre Jésus-Christ « *il faut prendre sa croix et la porter tous les jours* » (4). Ceux-là suivront Jésus-Christ de plus près, qui porteront une croix plus lourde, qui souffriront davantage persécution, qui, à défaut de bourreaux suscités par la haine du nom chrétien, seront à eux-mêmes leurs propres bourreaux, et, à l'exemple de Jésus-Christ, « *qui s'est offert parce qu'il l'a voulu* » (5), s'immoleront eux-mêmes sur l'autel de la souffrance volontaire. Ce langage vous étonne, vous épouvante, et moi aussi, j'en suis étonné, épouvanté. Mais nous sommes ici assemblés pour apprendre de saint Étienne la science de la Croix ; malheur à moi, si je diminuais la vérité chrétienne ! malheur à vous si vous refusiez de l'entendre et de l'adorer !

Au lieu de discuter les enseignements de l'Évangile et l'exemple des saints, suivons les progrès de la mort sainte qui gagne de proche en proche toutes les parties de l'âme d'Étienne. Après avoir éteint par les privations et les châtiments ses sens et leurs désirs, Étienne s'attaque à la volonté propre. La volonté propre est quelque chose de plus intime à l'âme humaine que les sens, et, par suite, bien plus difficile

(1) Tim. III, 12.
(2) Math. X, 24.
(3) Math. XVI, 24.
(4) Luc. IX, 23.
(5) Isaï, LIII, 7.

à détruire que les désirs des sens ; elle est, pour ainsi dire, le fond de l'âme. Aussi la Sainte-Ecriture nous apprend « *que l'obéissance, qui est l'immolation de la volonté propre, est préférable à tous les autres sacrifices* » (1) que nous pouvons offrir à Dieu. « *C'est en vain*, nous dit saint Paul, *que je distribuerai mon bien aux pauvres et que je livrerai mon corps aux flammes, si je n'ai pas la charité* » (2). Or « *la charité*, dit saint Jean, *consiste à garder les commandements de Dieu* » (3). « *Celui qui m'aime*, dit Jésus-Christ, *garde ma parole, c'est-à-dire m'écoute et m'obéit* » (4). Mais pour « *écouter Jésus-Christ, il faut écouter l'Eglise*. » C'est à l'Eglise, aux Apôtres et à leurs successeurs qu'il a confié le soin d'enseigner toute vérité. « *Il a établi les évêques pour gouverner l'Eglise de Dieu* » (5), et, pour être sûr de plaire à Dieu, il faut vivre soumis à l'autorité des évêques. Etienne envoie donc son disciple Pierre vers l'évêque de Limoges qui approuve leur vie pénitente. Dès ce moment se réalise la parole du Sauveur : « *Si le grain de froment ne tombe en terre et ne meurt, il demeure seul ; mais s'il meurt, il se multiplie et porte beaucoup de fruit* » (6). Etienne mort au monde, à ses sens, à sa propre volonté voit accourir auprès de lui des hommes généreux, désireux de l'imiter comme il imite lui-même Jésus-Christ. Le sang de ces martyrs de la pénitence est une semence si féconde, qu'Etienne, après avoir bâti un premier monastère, se voit bientôt obligé d'en bâtir un second. C'est alors que fut construit ce monastère d'Obazine qui sera désormais la résidence de notre saint, et d'où sortiront, comme d'une ruche céleste, un grand nombre de pieux essaims, je veux dire des colonies de religieux qui rempliront de monastères les pays d'Auvergne et du Limousin.

Toujours conduit par l'esprit de Dieu qui l'excite à se dépouiller de plus en plus de lui-même, Etienne veut quitter le commandement. « *Se souvenant*, dit un pieux biogra-

(1) I. Reg. xv, 22.
(2) I. Cor. xiii, 1.
(3) I. Joan. ii, 53.
(4) Joan. xii, 15.
(5) Act. xx, 18.
(6) Joan. xii, 24.

phe, *de Celui qui est venu en ce monde, pour faire, non sa volonté, mais la volonté de son Père, il veut se ranger sous l'obéissance de Pierre, son premier disciple.* » Celui qui obéit est en effet toujours sûr de faire la volonté de notre Père qui est au ciel, parce que tout pouvoir vient de Dieu. Celui qui commande, au contraire, tandis qu'il doit être auprès de ses inférieurs l'interprète de la volonté divine, est exposé à les accabler des fantaisies de son orgueil. Mais Etienne n'a pas à craindre ce danger, et Dieu, qui lui inspirait le désir de l'obéissance, lui imposa, par l'organe du Légat du Saint-Siège, le devoir du commandement : il eut ainsi désormais le bonheur d'obéir en commandant.

Enfin notre saint va porter le dernier coup à l'amour-propre. Les serviteurs de Dieu, après avoir vaincu le monde et la chair, trouvent dans leur vertu même un dernier écueil, le plus redoutable de tous, parce qu'il est le plus caché. Ils doivent craindre de retenir pour eux une partie de la gloire qu'on donne à leur vertu, au lieu de la renvoyer tout entière à Dieu, à qui seul elle appartient. Lors même qu'ils s'élèvent au-dessus des louanges humaines, ils ont à redouter une séduction plus dangereuse encore, c'est de s'admirer eux-mêmes en secret et de se repaître de l'idée de leur vertu, qu'ils sont tentés de regarder comme le fruit de leur propre travail. « *Or*, dit saint Fulgence, *c'est à l'homme un orgueil détestable quand il fait ce que Dieu condamne, mais c'est encore un orgueil plus détestable, lorsque les hommes s'attribuent ce que Dieu leur a donné, c'est-à-dire la vertu et la grâce. Car plus ce don est excellent, plus est grande la perversité de l'ôter à Dieu pour se le donner à soi-même, et plus injuste est l'ingratitude de méconnaître l'auteur d'un si grand bien* » (1). Pour nous apprendre à rapporter à Dieu comme à son principe tout le bien qui est en nous, Notre-Seigneur Jésus-Christ, qui fait de si grandes choses, qui nous enseigne des vérités si sublimes, ne s'attribue rien, ni de ce qu'il dit, ni de ce qu'il fait. « *Ma doctrine*, dit-il, *n'est pas de moi, mais de Celui qui m'a envoyé. Les œuvres que je fais, c'est mon Père qui demeure en moi qui les fait* » (2). Pénétré de cette grande leçon, Etienne, pour

(1) Epist. vi, cap. vii.
(2) Joan. vii, 16 ; Joan. xix, 10.

écarter tout danger d'une vaine complaisance en lui-même, veut que ses disciples suivent une règle qu'il n'a pas faite. Il demande à Cîteaux deux religieux pour instruire ses disciples et lui-même des saintes coutumes d'une maison déjà illustre dans toute l'Eglise par l'austérité de la vie qui s'y pratiquait. Bien plus, afin de bien établir aux yeux de tous qu'il ne pouvait avoir la plus petite pensée de lui-même, il part pour Cîteaux et va se mettre, lui et tous les monastères qu'il a fondés, sous la conduite de l'abbé Raynard. Tels sont, mes frères, *« les degrés d'ascension que ce grand homme a disposés dans son cœur et par lesquels il est monté de vertus en vertus »* (1) jusqu'au Dieu de toute sainteté.

L'âme ne peut combattre les désirs de la chair que par les désirs de l'esprit ; chaque effort qu'elle fait pour éteindre une convoitise excite un saint élan. C'est l'amour de Dieu, qui, répandu dans l'âme et la pénétrant tous les jours davantage, y éteint peu à peu l'amour de soi. Je devrais donc maintenant vous décrire les progrès de l'esprit de prière et de l'amour divin dans le cœur d'Etienne. Mais c'est là le secret du Roi des âmes qu'il révèle à qui bon lui semble ; seules les âmes qui sont montées au ciel par la contemplation, peuvent parler des choses du ciel. Et encore le plus souvent manquent-elles de mots pour faire entendre ce qu'elles ont vu, pour exprimer des merveilles qui échappent aux sens et à la pensée de l'homme. Non, quand même je parlerais la langue des anges, je devrais me taire sur les grandes choses que Dieu fait dans ses Saints.

II

Si nous sommes incapables de contempler, dans sa beauté secrète, ce mariage mystérieux de l'âme avec Dieu, nous pouvons du moins en apercevoir les effets. *« Si quelqu'un m'aime,* dit Jésus-Christ, *nous viendrons mon Père et moi en lui et nous ferons en lui notre demeure »* (2). Dieu, qui remplit l'âme des saints, fait éclater au-dehors sa présence par les signes qui lui sont propres. Or, les deux grands signes de Dieu dans le monde, c'est une puissance à qui rien

(1) Psalm. LXXXIII, 6.
(2) Joan. XV, 42, 5.

ne résiste et une bonté qui s'épanche sur toutes les créatures. L'homme que Dieu a élevé jusqu'à Lui, qui ne fait, pour ainsi dire, qu'un avec Lui, participe à la Toute-Puissance et à la Bonté infinie de Dieu. Il commande en maître à la nature ; il communique à tous ses frères « *de la plénitude des dons que Dieu lui a faits* » (1). C'est ainsi que saint Étienne nous apparaît revêtu de ces deux attributs divins de la puissance et de la bonté. Dans une année de disette, il nourrit pendant plusieurs mois jusqu'à trois mille pauvres, et quand le pain est près de manquer, Jésus-Christ, à la prière de son serviteur, le multiplie comme autrefois dans le désert. Prodige merveilleux qui témoigne à la fois de la bonté de Dieu et de la sainteté d'Étienne ! Mais il y a un autre prodige qu'il nous importe surtout de remarquer. Voilà des hommes qui n'ont emporté du monde que leurs bras et l'amour de Dieu, et ces hommes, travaillant sous le regard de Dieu, transforment le désert en grenier d'abondance. Parce qu'ils ont « *d'abord cherché le royaume de Dieu et sa justice* » (2), ils sont riches des biens de la terre ; mais parce qu'ils se contentent de peu, ils ont abondamment de quoi donner aux pauvres. Comprendrons-nous par cet exemple que les bénédictions de Dieu et la modération des désirs sont les deux sources de la richesse ; que ce qui ruine les peuples, c'est le travail sans Dieu, contre la loi de Dieu, et le déchaînement des convoitises ?

Saint Étienne renouvela plus d'une fois le miracle de charité que je vous ai rapporté ou d'autres semblables en faveur des pauvres, si bien qu'il semblait que le ciel fût devenu comme une succursale du grenier du Monastère. Il y a des hommes qui se scandalisent de cette condescendance de Dieu aux désirs d'un homme. Ils se sont fait un Dieu à leur image, superbe et insensible comme eux. Mais le vrai Dieu, toujours prêt à écouter la prière des humbles parce qu'il a été doux et humble de cœur, le vrai Dieu, qui a pitié des pauvres parce qu'il a été pauvre, ils ne le connaissent pas. Ah ! ces aveugles de l'âme n'éprouveront que trop, peut-être, un jour, que la grande bonté de Dieu n'enchaîne pas éternellement le bras de sa justice. Quant à nous, chrétiens, nous

(1) Joan. I, 16.
(2) Math. xi, 33.

connaissons « *l'humanité et la bénignité de Jésus-Christ notre Sauveur* » (1) ; ne soyons donc pas incrédules mais fidèles, et rendons grâces à Dieu de ce qu'Il a bien voulu se montrer admirable dans ses Saints.

Mais la marque la plus éclatante que Notre-Seigneur donne de sa puissance et de sa bonté, c'est l'empire qu'il exerce sur les âmes. Il dit à Pierre et à André : « *Suivez-moi, je vous ferai pêcheurs d'hommes* » (2), et aussitôt ils abandonnent leurs filets pour le suivre. Il dit au publicain : « *Laisse là ton comptoir* », et Lévi se fait pauvre avec Jésus-Christ ; Jésus-Christ attire ainsi les âmes surtout depuis qu'Il a été élevé et cloué à la croix, et l'exemple des saints est un des moyens les plus efficaces dont il se sert pour étendre ses conquêtes. L'exemple des saints est à la fois une leçon et un encouragement. S'il fallait en croire l'hérésie, Jésus-Christ ayant satisfait surabondamment pour nos péchés, nous serions dispensés d'en faire pénitence ; parce que les peines de la vie ne sont pas en proportion ni du châtiment que nous avons mérité, ni de la gloire que nous pouvons espérer, nous n'aurions qu'à user, comme des héritiers prodigues et paresseux, des richesses amassées par notre Rédempteur. Si vous voulez, nous disent, au contraire, les saints, être glorifiés avec Jésus-Christ, souffrez avec lui et pour lui. Nous étions des hommes comme vous, faibles comme vous, tentés comme vous. Prenez courage, nous avons vaincu le monde. Ce que nous avons pu, vous le pouvez, « *vous pouvez tout en Celui qui vous fortifie* » (3). Voilà ce que dit à notre faiblesse l'héroïsme des saints. Leur exemple est la traduction en langue vulgaire de la science de la Croix. Vous avez vu la contagion de l'exemple d'Étienne, cette légion d'âmes qui se pressent autour de lui, « *ne lui demandant qu'une chose, d'habiter avec lui tous les jours dans la maison du Seigneur* » (4). Mais quoi ! faudra-t-il pour imiter Étienne et Jésus-Christ qu'il imite, sortir du milieu du monde et fuir dans la solitude ? Non, mes frères, non, Dieu ne dit pas à tous les hommes : « *Vendez ce que vous possédez et donnez-en le*

(1) Tit. iii, 4.
(2) Math. iv, 19.
(3) Phil. iv, 13.
(4) Psalm. xx, 4.

prix aux pauvres » (1), mais à tous il dit : « *N'attachez pas votre cœur aux richesses, car elles corrompent l'âme de l'homme* » (2). Dieu ne dit pas à tous les hommes : « *Si quelqu'un vient à moi, et ne hait point son père et sa mère, sa femme et ses enfants, ses frères et ses sœurs, il ne peut être mon disciple* » (3), mais à tous il dit : « *Si quelqu'un aime son père et sa mère plus que moi, il n'est pas digne de moi* » (4). Dieu ne dit pas à tous les hommes : Couvrez-vous d'un cilice, couchez sur la cendre, ne donnez à votre corps qu'une nourriture grossière et parcimonieuse, « *ne vous embarrassez point du soin de plaire à un époux ou à une épouse, occupez-vous uniquement des choses du Seigneur* » (5), mais à tous il dit : « *Ceux qui sont dans la chair,* » qui y sont plongés et attachés par le fond du cœur à ses plaisirs, « *ne peuvent plaire à Dieu* » (6). Résistez à vos désirs, si vous ne voulez pas être entraînés dans les plus coupables excès. Dieu ne dit pas à tous les hommes : Déchirez votre corps avec une discipline, mais à tous il dit : Si ma main vous frappe dans votre santé, dans votre fortune, dans vos affections, ne murmurez pas, supportez avec patience les coups de ma justice et de ma miséricorde. La patience opère l'espérance du salut. Si vous souffrez humblement les afflictions que Dieu vous envoie, c'est du sang que vous donnez au Sauveur et votre résignation tient lieu de martyre.

L'exemple de saint Étienne instruit donc tous les fidèles, les faibles comme les forts ; à tous ceux qui savent l'entendre, il persuade de porter la croix que la Providence divine leur a préparée. Qui nous dira le nombre des âmes guidées et encouragées, retenues ou ramenées dans les sentiers du Seigneur par le spectacle des vertus d'Étienne ! Après sept cents ans son souvenir nous anime encore ; non, si nous sommes chrétiens, nous n'aurons pas rempli notre mémoire de ses grandes actions pour emporter d'ici un cœur froid et vide de saints désirs.

(1) Math. xix, 21.
(2) Psalm. lxi, 11.
(3) Luc. xiv, 26.
(4) Math. xxxvii, 38.
(5) I Cor. vii, 33.
(6) Rom. viii, 8.

Enfin, mes Frères, les saints exercent dans la cité de Dieu un pouvoir en quelque sorte sans limites, parce qu'ils sont les dispensateurs de la grâce. Rappelez-vous ici le dogme si consolant de la communion des saints. Tous les chrétiens ne forment qu'un seul corps dans les membres duquel circule un même sang. Jésus-Christ est le chef de ce corps et lui communique la vie ; c'est Jésus-Christ qui vit et agit par sa grâce dans chacun de ses fidèles. Or, de même que, dans le corps humain, la vigueur d'un membre ne peut augmenter, sans que cet accroissement profite à l'organisme tout entier, ainsi dans l'Eglise, tous les fidèles ont leur part des mérites acquis par chacun d'eux.

Les saints sont comme les organes principaux du corps mystique de Jésus-Christ, ceux qui travaillent le plus activement à y entretenir, à y développer la vie divine. Ils ne sont pas les auteurs de la grâce, « *Jésus-Christ seul est la vie* » (1), mais ils sont les canaux par lesquels cette grâce circule dans tous les membres. « *Qui donc*, disaient les Juifs, *excepté Dieu peut remettre les péchés ?* »(2) Les Juifs avaient raison, mais en remettant ses péchés à un paralytique Jésus-Christ ne blasphémait pas, il usait d'un pouvoir qui lui appartient comme Fils de Dieu. Ce pouvoir essentiellement divin a été communiqué aux saints parce qu'ils sont, eux aussi, les fils de Dieu par adoption. Ces jeûnes, ces longues prières, ces veilles, ces travaux, ces supplices volontaires de saint Etienne, qui vous étonnaient et vous effrayaient, c'est un trésor amassé pour nous. Nous sommes tous les débiteurs de la justice divine ; le pardon du prêtre, qui nous délivre de nos péchés, qui nous arrache à l'enfer, nous laisse une obligation, l'obligation d'expier par la souffrance les injustes plaisirs que nous avons goûtés. Mais nous sommes aussi lâches dans la pénitence que nous avons été hardis dans le péché. Dieu a pitié de notre lâcheté ; allons trouver l'Eglise et demandons-lui de nous accorder une part des mérites des saints. Riches des biens acquis par nos frères, nous pourrons nous libérer envers la justice divine : telle est en quelques mots la doctrine des indulgences fondée sur les mérites de Jésus-Christ et de ses élus.

(1) Joan. xiv, 6.
(2) Math. ix, 3.

Mais quoi ! le sang qui coule pour Jésus-Christ sous la hache des bourreaux ou sous les verges de la pénitence a une vertu plus grande encore ; il lave non-seulement les restes du péché, mais le péché lui-même. Voyez-vous ce jeune homme qui garde les habits des bourreaux du diacre Etienne, et qui, dans son cœur, lapide le saint martyr ? Le sang d'Etienne est monté vers le ciel et a crié miséricorde pour lui. Il partira de Jérusalem, ce persécuteur, pour aller à Damas rechercher les chrétiens et les traîner devant les tribunaux. Mais, sur la route du crime, il tombera, vaincu par la charité d'Etienne, et il se relèvera pour prêcher Jésus-Christ, qu'il persécutait. Voilà l'œuvre immortelle des saints ; leurs prières et leurs souffrances montent jour et nuit jusqu'aux pieds du trône de Dieu, jusqu'à cet endroit où est étendu comme immolé l'Agneau de Dieu ; et, de ses blessures toujours ouvertes, par l'intercession des saints, descend le fleuve de vie, la grâce de la rédemption qui affermit les justes et qui convertit les pécheurs. Je voudrais pouvoir vous dévoiler les mystères de grâce accomplis par la coopération du saint que nous fêtons. De quelle admiration ne serions-nous pas saisis à ce spectacle, mais encore et surtout de quelle reconnaissance ne serions-nous pas pénétrés envers cet insigne bienfaiteur ! N'allez pas croire, en effet, que, séparés de lui par les siècles, vous soyez hors des atteintes de sa charité. De même que, dans la nature, le plus petit mouvement d'un atome se fait sentir jusqu'aux dernières limites de l'univers et aura son écho jusqu'à la fin des temps, de même, dans l'ordre du salut, toute grâce qui descend du ciel s'étend en ondes immortelles jusqu'aux confins du monde moral. Les âmes que saint Etienne a sanctifiées, en ont sanctifié d'autres, celles-ci, d'autres encore, et ainsi, de génération en génération, l'onde salutaire partie du cœur d'Etienne est venue ébranler nos âmes et les pousser vers Dieu. Mais qu'avons-nous besoin de remonter les siècles pour retrouver l'action bienfaisante de notre saint ; il n'est point mort, il vit, il vit et règne sur la terre. Parce qu'il a fait la volonté de Dieu, il demeure éternellement ; ni sa charité n'est éteinte, ni sa puissance n'est diminuée, et à l'heure où je vous parle, il répand devant Dieu pour le salut de nos âmes une prière qui nous sauvera si nous le voulons.

« *Assuré de son bonheur, il n'a plus de sollicitude que pour notre salut* » (1). Le jour de sa mort a été le jour de sa véritable naissance ; son âme enfin complètement séparée du corps est entrée dans la vie pleine où tout est consommé, où tous les dons que Dieu lui avait faits et que cachait le voile de la chair, éclatent dans toute leur perfection. « *Maintenant que Jésus-Christ, qui est sa vie, lui apparaît sans voiles, il apparaît en gloire avec Lui* » (2).

Seigneur, vous comblez d'honneurs et de bonheur vos saints dans le ciel, et sur la terre vous rendez leur nom et leur sépulcre glorieux. Nous vous louons, nous vous adorons, nous vous rendons grâces à cause de la grande gloire que vous faites paraître dans les saints pour nous sauver. Puissions-nous, attirés par vous, aidés par eux, courir dans la carrière qu'ils ont déjà fournie et obtenir comme eux la couronne du vainqueur. Ainsi soit-il.

(1) S. Cypr.
(2) Colos. III, 4.

www.ingramcontent.com/pod-product-compliance
Lightning Source LLC
LaVergne TN
LVHW011048050726

842519LV00004B/1518